AF533819

Die niederländische Originalausgabe erschien unter dem Titel *Top Bob – De reddende hond* 2019 bei Uitgeverij Leopold.
Amsterdam | www.leopold.nl

Die deutsche Ausgabe wurde freundlicherweise gefördert durch den Nederlands Letterenfonds, Amsterdam.

N ederlands
letterenfonds
dutch foundation
for literature

1. Auflage 2021

Verlag Freies Geistesleben
Landhausstraße 82 · 70190 Stuttgart
www.geistesleben.com

ISBN 978-3-7725-2606-0

Umschlagentwurf: Barbara / Studio Bos
www.harmenvanstraaten.nl

Satz: Thomas Neuerer
Druck: Neografia, a.s., Martin-Priekopa
Printed in Slovakia

Harmen van Straaten

Top Bob
Dein Hund und Retter

Aus dem Niederländischen von Rolf Erdorf

Verlag Freies Geistesleben

1 Top Bob

Klick-klack, klick-klack!
Das sind die Absätze von Frau Drill.
Sie kommt die Treppe herunter.
Wie immer klappert sie mich damit wach.
Fast wäre ich aus meinem Körbchen gekullert!
Es ist jeden Tag dasselbe.
Ich gewöhne mich nie daran.
Ich bin nämlich kein Morgenhund.
Aber Herr und Frau Drill, das sind Morgenmenschen.
Sie machen jeden Morgen Krach.
Gleich heißt es für mich wieder das gesellige Haustier spielen.
Für sie mit dem Schwanz wedeln und an ihnen hochspringen.
Einen Ball zurückbringen, den sie werfen, und so tun, als wollte ich ihn nicht mehr hergeben.
Knurren, wenn sie «Miez-Miez!» rufen.
Na gut, ich bekomme ziemlich viel Liebe von ihnen.
Und so manches leckere Stückchen Wurst.

Aber manchmal habe ich keine
Lust, unterhaltsam zu sein.
Als Hund muss man gut
schauspielern können.
Fröhlich tun.
Ein Spürhund sein
und jeden Tag dem Postboten
einen Schreck einjagen.
Der Freund sein, den meine Menschen
brauchen.
Das Haus bewachen und noch viel,
viel mehr.
Nein, man kann wirklich nicht bloß einfach
Hund sein.
Herrchen und Frauchen erwarten sehr viel von mir.
Besonders abends.
Wenn sie müde von ihrer Arbeit kommen.
Dann wollen sie, dass ich mit ihnen Gassi gehe.
Als ob ich den ganzen Tag nichts getan hätte.
Ob es bei ihrer Arbeit auch ein Herrchen oder
Frauchen gibt?
Das ihnen sagt, was sie zu tun haben?
Machen sie das darum auch bei mir?

Puh, richtig müde könnte man bei dem Gedanken werden.
Es ist gar nicht so leicht, Bob zu sein.
Oder genauer gesagt: Top Bob.
Denn das ist mein Spitzname in der Nachbarschaft.
Top Bob, dein Hund und Retter.
So nennen mich meine Freunde Zita Zwergpudel, Nero Bulldog – viel Muskeln/wenig Verstand – und Skipper Angstdackel.
Heute früh ist auch wieder so einiges passiert, dabei hat der Tag gerade erst angefangen ...

2 Der Herr des Briefkastens

Frau Drill krault mich noch kurz am Kinn.
«Tschüs Bob, du Lieber!»
Ich niese ihr fast ins Gesicht.
Ihr Parfüm verstopft mir immer die Nase.
Und dadurch … kann ich nicht der Spürhund sein, der ich sein muss.
Könnte ich ihnen das nur klarmachen.
«Passt du auch gut aufs Haus auf, Toppilein?», fragt Frau Drill.
Dann schlägt die Tür hinter Herrn und Frau Drill zu.
Jeden Tag das Gleiche!
Was soll diese Frage?
Ihr habt doch selbst ein Schild mit einem Bild von mir im Garten aufgestellt!
Na gut, der Hund auf dem Schild ist schon etwas größer.
HIER WACHE ICH, steht darüber.
Was glauben die eigentlich, was ich die ganze Zeit mache?

Immer nur ein bisschen einem Ball nachrennen
und auf meinem Knochen herumkauen?
Die Menschen ahnen wirklich nicht, was ein
Hundeleben ist.
Nein, sie müssten mal wissen, was es heißt,
Top Bob zu sein …
Dabei gebe ich mir solche Mühe, alles zu bewachen.
Aber jetzt fresse ich erst meinen Futternapf leer.
Und dann beginne ich mit meiner Arbeit als
Wachhund.
Ich lege mich unter den Briefkasten.
Mäuschenstill natürlich.
Der Postbote hat eine Lektion verdient.
Wer der Herr des Briefkastens ist.
Das lehre ich ihn jeden Tag.
In der Ferne knirschen
die Schuhe des Postboten.
Meinen Ohren entgeht nichts.
Ich warte ruhig ab.
Durch den Briefkastenschlitz
fällt die erste Post …
Ich reagiere noch nicht.
Er soll denken, die Luft wäre rein.
Überraschungen funktionieren immer am besten!

Dann kommt die Zeitung ...
Das ist das Zeichen.
Eins ... zwei ... drei!
Ich beginne daran zu ziehen.
Und jetzt knurre ich auch noch ganz gemein.
Ich höre, wie er schnell davonrennt.
Er hat mich gehört, aber nicht gesehen.
Dafür sorge ich schon.
Er soll ruhig weiter glauben, ich wäre so ein gemeiner Hund.
Wie der auf dem Schild am Eingang zum Garten.
Na, das wäre wieder geschafft.
Ich trotte in mein Körbchen.
Kleine Ruhepause.

Nun ja, schön wär's ...

3 Der Eindringling

Nanu, was ist denn das?
Ich spitze die Ohren
und setze mich ans Fenster.
Meine Nase zittert.
Im Garten ist ein Eindringling.
Ein alter, bekannter Eindringling.
Und dem kann Bob gar nicht genug Lektionen verpassen!
Kater Franz läuft Runden um den großen Baum mitten in meinem Garten!
Was hat er hier zu suchen?
Sofort knurre ich und belle wie wild.
Dazu springe ich am Fenster hoch.
Aber er streckt mir bloß die Zunge heraus.
Das macht mich erst richtig wütend.
Was dieser gemeine Kerl sich da traut!
Aber ich lasse mich nicht zum Gespött machen.
Dem Biest werde ich eine Lektion erteilen!
Zwei Vögel fliegen ängstlich umher.
Sofort verstehe ich die Lage.
Kater Franz ist auf der Suche nach einem Leckerbissen.
Er hat das Nest dieser armen kleinen Vögel entdeckt.

Ich muss etwas tun, um die Vögel zu retten.
Denn Kater Franz ist nicht so heilig,
wie er sich gibt.
Jetzt heißt es, keine Zeit zu verlieren!
Ich renne durchs Wohnzimmer.
Husch!
In den Keller.
Bevor es zu spät ist …

4 Die Rettung

Ich weiß, wie ich hinaus ins Freie komme.
Durch das Fenster im Keller. Da ist es dunkel,
aber ich finde meinen Weg trotzdem ganz leicht.
Ich könnte auch ohne Weiteres
ein Blindenhund sein.
Unter dem Fenster steht ein Stapel
Pappkisten.
Vorsichtig steige ich hinauf.
Ja, ich bin auch ein Kletterhund.
Aber der Stapel darf nicht
umfallen.
Das wäre eine Katastrophe.
1. Für die Vögel, denn dann
könnte ich sie nicht retten.
2. Für meinen
Geheimausgang.
Herr und Frau Drill wissen
von nichts. Dass ich tagsüber
alles hier bewache und
durchs Fenster hinaus-
und wieder hereinkann.

Ich ziehe mich an der Fensterbank hoch.
Dann zwänge ich mich schnell durch das Fenster nach draußen.
Unsanft lande ich auf dem Rasen.
Die Vögel machen immer noch Lärm.
Ich sehe auch, warum. Kater Franz hat etwas Gemeines vor. Er sitzt unter dem Baum.
Jeden Augenblick kann er in den Baum klettern.
Bellend renne ich auf ihn los.
Speichel tropft mir aus dem Maul.
Das tue ich, um ihm Angst zu machen.
Als wäre ich tollwütig.
Und sehr gefährlich.
Ich kann sehr gut so tun, als ob.
Mich könnte man ohne Weiteres in einem Film mitspielen lassen.
Jetzt stehen wir uns gegenüber.
Kater Franz faucht und plustert seinen Schwanz auf.
Pah!
Als ob ich mich davor fürchten würde!

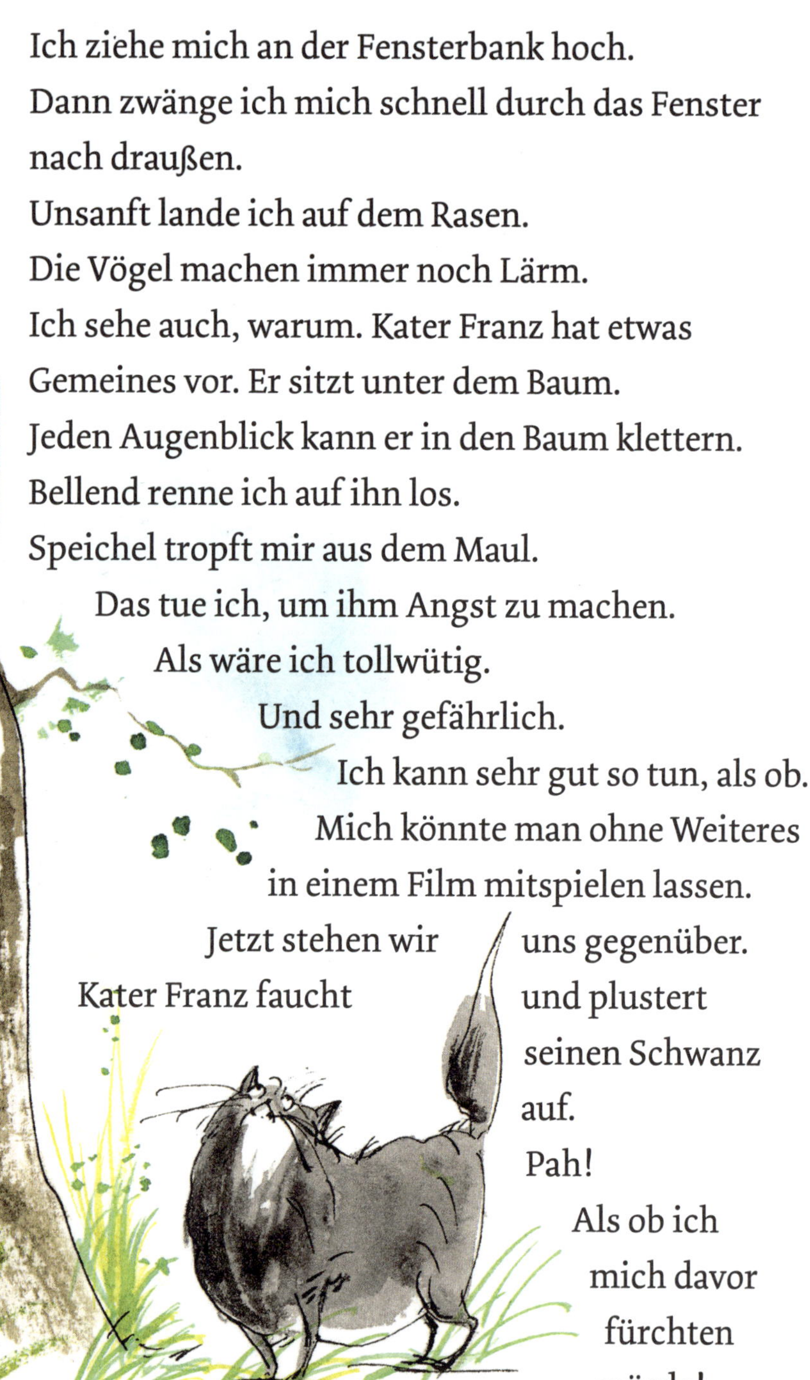

Ich fletsche die Zähne und schnappe nach seinem Schwanz.

«Lass die Vögel in Ruhe!», knurre ich.

Kater Franz saust pfeilschnell davon.

Die Vögel zwitschern ein fröhliches Lied.

Ich weiß auch genau, was sie singen:

«Hurra, hurra,
Top Bob, du bist ein Held.
Wir singen hurra, denn du warst wieder da.
Hab Dank, du bester Hund und Retter auf der Welt!»

Ich spüre eine Träne im Auge.

Ja, es ist schön, Top Bob, der Hund und Retter zu sein.

5 Zita, eine Leiter und Gejaule

So, das genügt für heute.
Immer alle zu retten macht durstig,
hungrig und schläfrig.
Nanu, an das Dach von Zitas Haus
steht eine Leiter gelehnt.
Bestimmt ein Anstreicher oder so.
Hinter dem Zaun wohnt Zita Zwergpudel.
Zita steht auf mich.
Aber ich habe gesagt, wir sollten besser gute
Freunde bleiben.
Ganz insgeheim gefällt sie mir aber auch!
Manchmal bin ich einfach etwas schüchtern.
Ich zwänge mich durchs Kellerfenster ins Haus.
Hinausklettern ist schon schwer, aber das ist noch
gar nichts gegen den Weg zurück über die Kisten!
Kurz darauf liege ich in meinem Körbchen.
Erst mal verschnaufen von allem.
Zufrieden kaue ich auf meinem Knochen.
Und jetzt ist es Zeit für ein Morgenschläfchen.
Aber dann …

Durch die Wände hindurch dringt plötzlich ein gigantisches Jaulen.
Ich schrecke hoch und bin mit einem Schlag wach.

Es ist Zita!
Ich erkenne ihr Fiepen und Jaulen sofort.
Sie kläfft in den höchsten Tönen.
«Was ist, Zita?», belle ich, so laut ich kann.
«Da ist ein Eindringling», bellt sie zurück.
«Kater Franz?», frage ich.
Ich knurre. Dieser hinterlistige Kater braucht wohl noch eine Lektion!
«Nein», kläfft sie.
«Es ist ein Mensch auf zwei Beinen!»
Ich bin sehr beunruhigt.

Meine Zita ist in Gefahr!
Ich muss ihr helfen, und zwar sofort!
Zita ist kein Wachhund.
Mit ihrem Fiepen macht sie niemandem Angst.
Plötzlich ist es still.
Das Herz schlägt mir bis zum Hals.
«Mach dir keine Sorgen, Zita!
Top Bob ist schon unterwegs!», belle ich.
Ich renne, so schnell ich kann, in den Keller.
Zum zweiten Mal für heute klettere ich auf den
Kistenstapel vor dem Fenster.
Top Bob, der Hund und Retter, kommt
wieder in Aktion!

6 Ein Gauner

Ich stehe vor Zitas Haus.
Irgendwas ist merkwürdig.
Gerade stand hier noch eine Leiter.
Aber die ist jetzt weg, und …
… die Küchentür steht offen.
Das ist sehr verdächtig.
Ich schleiche mich in die Küche.
«Zita, wo bist du?», frage ich.
Irgendwo höre ich sie leise fiepen.
«Zita!», rufe ich.
Ich mache mich auf die Suche.
Zitas Fiepen wird lauter.
Meine Hundenase beginnt zu zittern …
Das ist immer ein gutes Zeichen.
Ich bin auch ein Spürhund.
Zita ist im Küchenschrank eingesperrt.
Die Türen bewegen sich, aber aus eigener Kraft kommt sie nicht heraus.
«Hab keine Angst», belle ich.
«Bob ist hier. Top Bob, dein Hund und Retter.»

Jemand hat ein Seil um die beiden Türgriffe geknotet.
Darum kann sie die Türen nicht aufbekommen!
Zum Glück habe ich scharfe Zähne.
Schon kaue ich auf dem Seil herum.
Zita fiept ängstlich.
«Nur noch etwas Geduld», sage ich, und kurz darauf ist das Seil entzwei.
Zita springt aus dem Schrank.
«Ist er weg?», fragt sie verängstigt.
Meine arme Freundin zittert am ganzen Leib.
«Ja, es ist keiner mehr da», sage ich.
«Aber irgendwer ist durchs Fenster gestiegen …»

«Woher weißt du das?», fragt sie.
«Ich habe eine Leiter gesehen.
Ich dachte, das wäre ein Anstreicher.»
Zita schüttelt ihr Köpfchen.
«Was ist passiert?», frage ich.
«Ich war unten und habe etwas gehört», erzählt Zita.
«Dann habe ich laut losgebellt.»
«Das habe ich gehört!», sage ich.
«Als ich nach oben kam, war da dieser Eindringling», erzählt Zita weiter.
«Er hat lauter Sachen aus dem Schrank genommen.»
«Was hat er gestohlen?», frage ich.
«Silber, Gold und Diamanten?»
Zita schüttelt den Kopf.
«Bei uns zu Hause gibt es nichts zu holen.
Das sagen meine Menschen immer.
Sie brauchen keinen Wachhund.
Es gibt nämlich nichts zu stehlen.»
Pah, denke ich. Zum Glück gibt es mich noch!
«Und dann?», frage ich.
«Der Einbrecher hat mich gepackt und eingeschlossen.»
Ich schlucke.
«Ein Glück, dass ich dich gehört habe, Zita», sage ich.

So ein gemeiner, durchtriebener Kerl.
«Du hast mich gerettet», sagt sie. «Du bist top, Bob.»
Das weiß ich.
Aber ich schweige bescheiden.
Wir gehen zusammen durchs Haus.
Die Schränke stehen offen.
Der Einbrecher hat überall hineingeschaut.
Dieses Durcheinander! «Zum Glück ist er weg», sagt Zita.
«Aber noch nicht gefangen ...», antworte ich.
«Die ganze Nachbarschaft ist in Gefahr.»
«Sag doch nicht so etwas», fiept Zita. «Jetzt kann ich nicht mehr schlafen!»
«Mach dir keine Sorgen», sage ich. «Du hast ja mich.
Top Bob, den Hund und Retter.
Ich sorge dafür, Zita, dass der Bursche gefasst wird!»

7 Herrchen und Frauchen

Ich bin wieder zu Hause.
Beim Weggehen hat Zita mir lieb über die Nase geleckt.
Ich werde sie den ganzen Tag lang nicht waschen!
Hundemüde hänge ich in meinem Körbchen.
Ist das so verrückt?
Ich habe

- den Briefträger erschreckt;
- ein Nest Vögel vor Kater Franz gerettet;
- meine Nachbarin befreit;
- entdeckt, dass ein Einbrecher in der Nähe ist …

Ich muss mich ausruhen und denken.
Sehr gut nachdenken. *Zzzz …*
Plötzlich bin ich hellwach.
Jemand macht sich an der Haustür zu schaffen.
Einbrecher!?
Denen werde ich aber eine Lektion erteilen.
Ich belle mir die Lungen aus dem Leib.
Knurrend laufe ich zur Tür.
Es ist falscher Alarm.
Es sind Herr und Frau Drill.

Sie kommen von ihren Herrchen und Frauchen zurück.
«Soso, bist du jetzt auch ein Wachhund?«
Frau Drill lächelt mich an.
Sie hält etwas hinter dem Rücken versteckt.
Ich bekomme einen leckeren Hundekeks von ihr.
Doch, ja, sie ist ein lieber Schatz.
So ab und an.
Herr Drill hat schon den Tennisball in der Hand.
Geht das schon wieder los, denk ich.
Die wollen spielen.
Dabei habe ich schon einen ganzen Tag hinter mir.
Ich schaue zu meinem Körbchen.
Es gibt nur eins, was ich will …

Ganz lange schlafen.
Womöglich schlägt der Einbrecher morgen wieder zu.
Jemand muss doch etwas dagegen tun.
Und dieser Jemand bin ich.
«Fass den Ball, Bob!
Fass den Ball!», ruft Herr Drill.
Ich lasse ihm seinen Willen.
Ein zufriedenes Herrchen macht einen zufriedenen Hund.
Und nach Gemecker steht mir der Sinn gerade auch nicht.
Dass ich eine Niete von einem Hund bin.
Der langweiligste Hund, den es gibt.
Der niemals Lust hat, mit ihnen Gassi zu gehen …

Wenn die wüssten, was für ein Superhund ich bin!
Top Bob, dein Hund und Retter.
Dank mir ist die Nachbarschaft sicher.
Brav bringe ich den Tennisball ein paarmal zurück.
Auch tue ich so, als wollte ich den Ball nicht wieder abgeben.
Von draußen schlagen Regentropfen ans Fenster.
Und bei dem Wetter soll ich mit ihnen Gassi gehen?
Igitt.
Sie mit Schirm, ich ohne.
Ich kann Regen wirklich nicht ausstehen.
Ich bin doch kein Wasserhund!

Es ist schon spät, als die Lichter ausgehen.
Es dauert lange, bis ich ganz getrocknet bin.
Erst dann liege ich in meinem Körbchen und kann endlich schlafen.
Morgen ist wieder ein langer Tag.
Meine Nase zittert ein bisschen.
Das ist immer so, wenn etwas in der Luft liegt.
Ein neues Abenteuer vielleicht?

8 Zita

Am Morgen zittert meine Nase noch immer.
Herr und Frau Drill haben mit den Nachbarn gesprochen.
«Fürchterlich, dieser Hund», sagt Frau Drill.
«Das Biest hat einfach alles durcheinandergebracht!»
Ich spitze die Ohren.
Meine Freundin Zita bekommt die Schuld.
Ich möchte bellen vor Wut.
Ihnen sagen, dass Zita ein allerliebster Hund ist.
Ich kann kein Unrecht ertragen.
Einem anderen die Schuld geben, pfui!
Wie soll sie denn beweisen, dass sie es nicht gewesen ist?

Ist das gemein.
«Zum Glück ist unser Hund ein Langweiler», sagt Frau Drill.
«Wenn wir den Wachhund auf dem Schild im Garten nicht hätten ...»
Herr Drill räuspert sich.
«Wäre Bob nur so ein Kerl wie dieser Hund ...»
Das macht mich jetzt echt traurig.
Wenn die wüssten, was ich alles mache.
Es ist schade, wenn man nicht die Anerkennung bekommt, die man verdient.
Und Zita Zwergpudel soll es jetzt ausbaden.
Das geht nicht!

Herr und Frau Drill sind zu ihren Herrchen und Frauchen gegangen.
Ich hoffe, sie bekommen den ganzen Tag lang Befehle.
«Sitz! Platz!»
Und müssen eine Runde nach der anderen laufen.
Genau wie ich jetzt. Ich bin völlig von der Rolle.
Selbst den Postboten vergesse ich zu scheuchen.
Das passiert mir sonst nie.
Nach Runde einhundertfünf krieche ich müde in mein Körbchen.
Aber dann höre ich Zita bellen.
Ich erschrecke. «Nicht schon wieder!», belle ich.
Ist es der Einbrecher? Es gibt keine Zeit zu verlieren.
Ich werde ihn an seinem Hosenbein fassen.
Und danach lasse ich ihn nicht mehr los.

9 Skipper

Ich taumele aus dem Kellerfenster auf den Rahmen.
Zirkushund kann ich auch noch werden!
Ich krieche zwischen den Zaunlatten hindurch.
Zita springt drinnen an der Küchentür hoch.
«Wo ist der Gauner?», knurre ich.
«Ich fasse ihn!
Es wird ihm noch leidtun, in meine Nähe
gekommen zu sein.
Top Bob fürchtet sich vor nichts und niemandem!»
«Bei den Nachbarn stimmt was nicht», kläfft Zita.

«Skipper Angstdackel steckt in Schwierigkeiten.
Der Eindringling ist bei ihm im Haus.»
Ich schaue über den Zaun.
Und sehe gerade noch, dass eine Leiter weggeholt wird.
Skipper braucht Hilfe!
Aber wie komme ich dorthin?
Zum Glück bin ich Top Bob, der Hund und Retter.
Mit Anlauf springe ich auf eine Mülltonne.
Ich hänge mit zwei Pfoten am Zaun.
Was man als Held nicht alles können muss!
Ich springe von dem Zaun hinunter.
Und betrete die Küche.
Auch hier steht die Außentür offen.
Ob der Gauner schon wieder verschwunden ist?
Ich laufe durchs Haus.
Überall Unordnung.
Der Gauner hat alles durcheinandergebracht.
Aber wo ist Skipper?
Ich spitze die Ohren, und meine Nase zittert.
Irgendwo oben klingt ein Fiepen.
Ich schleiche die steile Treppe hinauf.
Vorsichtig schaue ich um die Ecke.
Die Toilettentür ist mit einem Stuhl versperrt.

«Keine Panik!», belle ich. «Hier ist Top Bob! Dein Retter in der Not!»
Mit der Nase schiebe ich den Stuhl beiseite.
Die Tür fliegt auf.
Skipper steht vor mir.
Er zittert am ganzen Leib.
Seine kurzen Beinchen, der Schwanz, Ohren und Nase.
«Ist ja schon gut, Skipper», sage ich.
«Die Gefahr ist weg.
Ich habe den Gauner verjagt.
Der kommt nie mehr wieder», flunkere ich.
«D-d-d-danke schön», antwortet Skipper stotternd.
«T-t-t-top Bob,
du hast mich gerettet.»
«Ich bin dein Hund und Retter», will ich sagen.
Aber ich sage nichts, denn ich möchte nicht angeben.

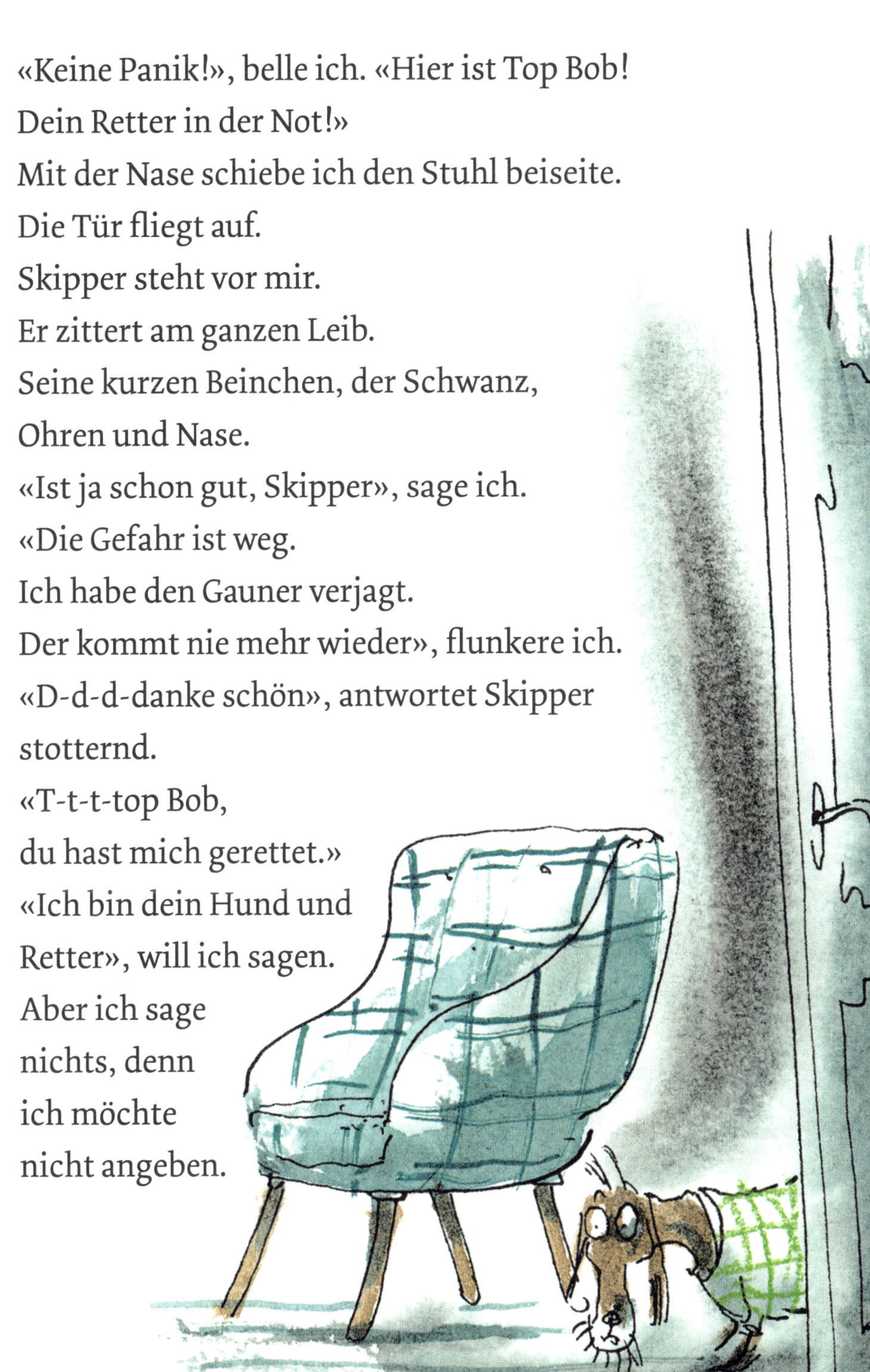

Wir laufen durchs Haus.
«Wurde viel gestohlen?», frage ich.
Skipper schüttelt den Kopf.
«Meine Menschen lachen immer
über deine.
Über das Schild mit dem Wachhund im Garten.
‹Bei uns gibt es nichts zu holen›, sagen sie dann.
‹Wir brauchen keinen Wachhund.›
Was ja auch stimmt, denn sie haben ja mich!»
Skipper schaut mich lieb an.
«Stimmt», sage ich, «und sonst haben sie auch
noch mich!»

Ich stehe auf dem Balkon.
Gleich mache ich eine kleine Reise durch die Luft.
Etwas, das nur ganz erfahrene Helden können.
Hunde wie ich.
Bitte nicht nachmachen, Kinder.
Zu gefährlich!
Über den Zaun kann ich nicht mehr zurück.
Darum habe ich mir etwas anderes überlegt.
Bei Skipper habe ich ein Bettlaken genommen.
Ich halte es an den vier Enden fest.
Mit zugekniffenen Augen springe ich.

Auch ein Held ist nicht immer schwindelfrei.
Ich schwebe in Zitas Garten.
Top Bob, der fliegende Hund.
Sicher lande ich auf dem Rasen.
Kurz darauf liege ich ruhig in meinem Körbchen.
Ich muss nachdenken.
Das ganze Viertel ist in Gefahr.
In alle Häuser wird eingebrochen …
Wer ist als Nächster dran?
Nach langem Grübeln
falle ich in einen tiefen
Schlaf.

10 Rache

«Da ist ja unser treuer Schlafhund!»
Die Stimme von Herrn Drill lässt
mich hochschrecken.
Wachhund, will ich ihn verbessern.
Also bitte, ich habe zwei Hunde
gerettet!
Aber was sagen deine Mitbewohner:
Schlafhund. Wenn die wüssten!
Im ganzen Viertel wird eingebrochen.
Nur in ein Haus nicht.
Und jetzt ratet mal, welches!
Es ist das Haus, über das ich, Top Bob, wache.
Ich höre sie auch über Skipper sprechen.
Dass er genau wie Zita das Haus auf den Kopf
gestellt hätte.
«So einen Hund», sagt Herr Drill, «würden wir sofort
ins Tierheim stecken.»
Ich schlucke. Ist das denn zu glauben?
Da draußen läuft ein Gauner frei herum.
Und sie wollen einen Hund, der nichts getan hat,
hinter Schloss und Riegel bringen.
«Wir haben Glück mit Bob», sagt Frau Drill.

«Er ist der langweiligste Hund der Welt.»
Aus Rache schnappe ich mir die Zeitung aus dem Flur.
«Sehr gut, Bob», sagt Herr Drill.
«Und jetzt gib her …
Los …
LOS!»
Was meint ihr?
Ihr wollt doch so gern spielen.
Also bitte, los geht's!
Haha, von der Zeitung bleibt nichts übrig.
Selber schuld!
Ihr solltet Bob halt nicht reizen.

11 Eine Leiter …

Am nächsten Morgen warte ich beim Briefkasten.
Ich habe den Postboten schon zwei Tage in Ruhe gelassen.
Am Ende denkt er noch, der Wachhund wäre verschwunden.
Womöglich erzählt er überall, mein Haus wäre jetzt sicher.
Einbrecher haben auch Ohren.
Und das sollten sie wirklich nicht hören.
Ich höre Schritte … Die Schuhe knarren nicht.
Das ist verrückt.
Gibt es einen neuen Briefträger?
Na, der kann was erleben!
Die Schritte kommen näher.
Aber sie kommen jetzt von woanders her.
Von hinter dem Haus.
Wer ist das?
Ich mache mich ganz klein und unsichtbar.
Leise schleiche ich durch den Flur.
Dann luge ich schnell um die Ecke ins Wohnzimmer.
Vor dem Fenster steht eine Leiter.
Ich sehe zwei Beine …

Ich halte den Atem an.
Jetzt ist unser Haus an der Reihe!
Ist das hier derselbe Gauner wie bei Zita
und Skipper?
Weiß er nicht, dass ich hier der Wachhund bin?
Top Bob, der Hund, der im Viertel für
Sicherheit sorgt?
Dem werde ich eine Lektion erteilen.
Was denkt der sich eigentlich?
Dass er hier alles ausräumen kann?
Von wegen!
Das wird dem Gauner noch leidtun.
Gib nur Acht, wenn Top Bob dir die
Zähne zeigt!
Es gibt keine Zeit zu verlieren.
Ich lasse mich nicht einsperren wie meine Freunde.
Hier wird nur eine Person eingesperrt.
Und das ist der Gauner.
Schnell überlege ich mir einen Plan.
Darin bin ich nämlich gut.
Rasch flitze ich in den Keller.
An meinen geheimen Ort.
Oben im Haus höre ich Schritte.
Der Gauner ist drinnen …

Fix klettere ich über die Pappkisten zum Kellerfenster.
Von dort aus lande ich auf dem Rasen.
Die Jagd auf den Gauner ist eröffnet.
Top Bob wird ihm eine Lektion erteilen.
Der Gauner wird es noch bereuen.
Bereuen, dass er seine Leiter aufgestellt hat.
Mit Top Bob, dem Hund und Retter,
ist nicht zu spaßen!

12 Ein Kater …

Ich liege im Gebüsch neben der Leiter und warte.
Die Minuten kommen mir vor wie Stunden.
Was macht dieser Gauner da nur?
Seinen Sack mit den Ketten und Ohrringen
von Frau Drill vollstopfen?
Sie hat sehr viele davon.
Oder mit den Pokalen, die Herr Drill beim
Schachspiel gewonnen hat?
Das sind auch sehr viele.
Er gewinnt nämlich immer.
Auch gegen Frau Drill.
Sie will darum nicht mehr mit ihm spielen.
Weil sie so keinen Spaß daran hat.
Was für einen Schreck ich diesem Gauner
gleich einjage!

Er weiß nicht, was ihn erwartet.
Ich verfalle ein wenig ins Träumen.
Wie stolz Herr und Frau Drill nachher auf mich sein werden.
Ich will sehr gern ihr tierischer Freund sein.
Wozu sonst hat man sich seine Menschen zugelegt?
Aber wer sollte ihnen berichten,
was ich nicht alles tue?
Top Bobs Taten bleiben immer unbemerkt.
Jedenfalls von Menschen.
Wirklich schade ist das.
Plötzlich gibt es eine Bewegung.
Ich spitze die Ohren.
Aber es ist nicht der Gauner.

Ich sehe den wehenden Schwanz meines Feindes.
Kater Franz.
Der Schrecken aller Vögel im Garten.
Am liebsten würde ich ihm die Zähne zeigen.
Aber dann verrate ich mein Versteck.
Und dann nimmt der Gauner vielleicht Reißaus.
Aber was sehe ich da?
Dieser heimtückische Kater läuft auf die Leiter zu.
Er steigt meine Leiter hinauf …
Hoch zu meinem Haus …
Zu meinem Gauner … 
Das Herz schlägt mir bis zum Hals.
Ist es denn die Möglichkeit?
Dieser Kater, so eine Frechheit!
Wie kann er es wagen!
Gleich gibt es zwei Eindringlinge in
meinem Haus.
Mir bleibt nichts anderes als
abzuwarten.
Aber das wird Kater Franz noch leidtun.
Den knöpfe ich mir später vor!

13 Auf gar keinen Fall!

Ich schaue hinauf.
Der hinterhältige Kater ist jetzt auf der Hälfte der Leiter.
Ich zittere vor Wut.
Aber da kommt der Gauner heraus!
Er hält einen großen Sack in der Hand, gefüllt mit Sachen von Herrchen und Frauchen.
Ich liege bereit zum Angriff.
Aber plötzlich höre ich ein lautes Kreischen.
Auch Kater Franz ist zum Angriff übergegangen.
Er hat das Hosenbein des Gauners gepackt.
Ich bin mit Stummheit geschlagen.
Will dieser Kater jetzt ebenfalls ein Superheld werden?
Nicht mit mir!
So eine niederträchtige Gemeinheit!
Er will mich ins Abseits schieben.
Aber das lasse ich nicht zu.
Nein, nein, nein …
Der Gauner tritt mit seinem Bein.
Er versucht, Kater Franz abzuschütteln.

Ich springe aus dem Gebüsch.
Bereit zuzuschlagen!
Aber dann gerät die Leiter
in Bewegung.
Sie schwankt hin und her.
«Hilfe!», ruft der Gauner.
«Hilfe!»
Dann fällt die Leiter um!
Kater Franz lässt das Bein los.
Er fliegt durch die Luft.
Danach landet er mit einem Schrei im Teich.
«Selber schuld!», knurre ich.
Aus den Augenwinkeln sehe ich einen abgesoffenen
Kater aus dem Teich klettern.
Mir bleibt keine Zeit, ihm eine Lektion zu erteilen.
Der Gauner ist aufgestanden und nimmt den Sack.
Er macht sich aus dem Staub.
Über den Zaun verlässt er den Garten.
Ich muss ihm hinterher.
Der Gauner darf nicht entkommen.
Auf gar keinen Fall!

14 Ein gelber Lieferwagen

Bellend renne ich dem Gauner hinterher.
Ich komme ihm immer näher.
Ich schnappe, um ihm in die Waden zu beißen,
und dann …
Dann ist Nero Bulldog da.
Der Hund mit dem kleinsten Hirn in der Straße.
Nero lässt den Gauner vorbeilaufen.
Er will mir den Weg versperren.
«Das hier ist mein Revier!», knurrt er.
Ja, ist das denn zu glauben?
Kriege ich fast einen Gauner zu fassen,
da vermasselt er mir alles!
Gleich entkommt mir der Gauner noch,
Nero sei Dank.

Aber ich gebe nicht auf.
«Miez!», rufe ich. «Miez-Miez!»
Nero, die dumme Bulldogge, dreht sich um.
«Da, hinter dir!»
Schnell sause ich an ihm vorbei, bevor er kapiert, dass er angeführt wurde.
Das dauert immer etwas bei ihm.
Wo ist der Gauner geblieben?
Aha!
Ich sehe ihn schon.
Er steigt in einen gelben Lieferwagen.
In Panik schaue ich um mich.
Der Gauner darf nicht entwischen!
Und da kommt Nero bellend angerannt.
Nero ist böse, sehr böse!
Der Gauner startet das Auto.
Es gibt keine Zeit zu verlieren …

15 Der rote Motorroller

Dann entdecke ich einen roten Motorroller.
Ich springe auf.
Kann ich das Ding lenken?
Also bitte: Natürlich kann ich das!
Ich bin Top Bob, der Hund und Retter.
Meine Menschen wissen einfach nicht,
was für einen Hund sie im Haus haben.
Ich starte den Roller und will losfahren.
Dann springt irgendwas oder besser gesagt:
irgendwer hinter mir auf den Sitz.
Igitt! Es ist Nero Bulldog.
Heute ist echt nicht mein Glückstag.
Ich gebe Gas und brause los.
Ich lege mich scharf in die Kurve …
Nero jault vor Angst.
Er fliegt beinahe vom Roller.
Da kommt ein Hubbel in der Straße …
Nero knallt in die Luft und landet kopfüber
wieder auf dem Roller.
«Stopp!», stöhnt er. «Stopp, bitte!»

«Nie im Leben!», belle ich.
«Wir fangen einen Gauner!
Du hättest ja nicht hintendrauf springen müssen.»
Ich kann den Lieferwagen des Gauners schon fast berühren.

Gleich hole ich ihn ein …
Aber auf einmal macht er eine Drehung.
Ich bremse … und Nero Bulldog fliegt vom Roller.
Er saust durch die Luft, durch das offene Fenster des Lieferwagens und landet auf dem Schoß des Gauners …
Da drinnen gibt es einen Riesenlärm.
Der Wagen fährt mit voller Geschwindigkeit weiter.
Ich mache mich wieder an die Verfolgung.
Ich will ihn einholen.

Denn der Gauner versucht immer noch zu entkommen.
Aber da kommt ein Bus angefahren.
Ich reiße den Lenker herum.
Der Motorroller fliegt nach links!
Plumps …
Ich lande mitten in einem Teich.
So ein Drama, so ein Pech!
Mühsam krabbele ich aus dem Wasser.
Aber dann stockt mir der Atem.

Das Auto des Gauners steht auf einmal still.
Es ist mitten in einer Wäscherei gelandet!
Überall flattern weiße Tücher.
Der Gauner steigt aus dem Wagen.
Er will davonrennen.
Aber das klappt nicht so recht.
Nero Bulldog kriegt ihn am Bein zu fassen.
Der Gauner schlägt um sich.
Er tritt, um loszukommen.

Aber wenn Nero Bulldog meint, etwas gehöre ihm ...
Dann lässt er nicht mehr los.
Ich laufe hin.
In der Ferne tönen Sirenen. Es ist die Polizei!
Ein Streifenwagen stoppt mit quietschenden Bremsen.
Polizisten springen heraus und legen dem Gauner Handschellen an.

Ich halte vorsichtig Abstand.
Bei Nero muss man sich immer in Acht nehmen.
Die Polizisten streicheln Nero Bulldog.
Er lässt es sich gefallen.
Ein Beamter schaut in den gelben Lieferwagen.
Er hebt Säcke mit gestohlenen Sachen in die Höhe.
Bestimmt sind auch die Sachen von Herrn und Frau Drill dabei.
«Braver Hund, das hast du gut gemacht», sagen sie.
Ich schlucke.
Ist es denn die Möglichkeit?!
Diese dumme Bulldogge streicht den Ruhm ein.
Nero knurrt mich bissig an.
Ich verziehe mich.
Wie ist die Welt doch ungerecht ...

16 Du bist unser Held

«Uff!», sagt Zita, als ich ihr alles erzähle.
Auch Skipper ist ganz Ohr.
«Also für uns bist du der Held!
Du darfst uns immer retten.»
Zita leckt mir lieb über die Nase.
Mir wird ganz warm dabei.
Das geht mir immer so mit ihr.
«Ihr dürft mich jederzeit rufen», sage ich.
«Was es auch ist, ich bin für euch da.»
Dann trotte ich nach Hause.
Ich sehe gerade noch einen Schwanz.
Den von Kater Franz.
Er verschwindet schnell im Gebüsch.
Ich verfolge ihn.
Ganz leise.
Dieser Vogelmörder hat noch eine Lektion verdient.
Ich schleiche zu seiner Katzenklappe.
Dort schaue ich mich um.
Richtig, da liegt ein Ball.
Ich nehme ihn ins Maul …

… und drücke ihn fest in die Katzenklappe.
So, denke ich.
Da kommst du so schnell nicht mehr durch.
Über dem Garten hängen dunkle Wolken.
Aus denen fällt bestimmt eine Menge Regen.
Das wird eine feuchte Nacht für Franz!

17 Morgen ist wieder ein Tag …

Zufrieden krieche ich daheim in mein Körbchen.
Aber nicht für lange.
Herr und Frau Drill kommen von ihren Menschen zurück.
Sie lesen sich gegenseitig die Abendzeitung vor.
Und dann zeigen sie mir die Zeitung.
In ihr steht ein Foto von Nero Bulldog.
«HUND IST HELD DES TAGES»,
lesen sie mir vor.
Denken sie, dass mich das fröhlich stimmt?
Sobald ich kann, muss die Zeitung dran glauben!
«Hätten wir nur so einen Hund», sagt Frau Drill.
«Einen echten Wachhund, der für Sicherheit in der Straße sorgt.
Der uns beschützt und uns rettet, wenn es nötig ist.»
Ich würde am liebsten laut bellen:
Dieser Hund liegt hier bei euch im Körbchen!
«Vielleicht kann Bob einen Kurs machen»,
sagt Herr Drill.
«Einen Kurs als Spür- oder Wachhund.

Dann kann das Schild im Garten weg.»
Ich schlucke.
Es ist nicht schön, wenn man der Held ist,
und den Ruhm tragen andere davon.
Es klingelt an der Tür.
Herr Drill geht und schaut nach.
Kurz darauf kommt er zurück.
«Es war die Polizei!
Sie haben unsere gestohlenen Sachen
wiedergebracht.»
Frau Drill hält mir eine Perlenkette vor die Nase.
Sie schwingt sie hin und her.
«Such», sagt sie, «such!»
Ich schlage mit einer Pfote danach.
Die Kette reißt, und die Perlen fliegen durch die
Gegend.
«Na, Bob!», sagt Frau Drill.
«Was bist du auf einmal so wild?»
Herr und Frau Drill kriechen durchs Wohnzimmer.
Sie suchen die Perlen.
«Such», belle ich, «such!»
Ihr könnt gefälligst auch mal was tun, denke ich.
Dank mir läuft jetzt ein Gauner weniger
durch die Straßen.

Mittlerweile ist Schlafenszeit.
Ich liege ruhig in meinem Körbchen.
Morgen ist wieder ein neuer Tag.
Wer wird mich morgen wohl brauchen?
Ich bin jetzt schon neugierig.
Denn es gibt immer Arbeit für Top Bob.
Top Bob, den Hund und Retter.